Todos los libros de Linkgua Ediciones cuentan con modelos de Inteligencia Artificial entrenados por hispanistas. Pregúntale al chat de tu libro lo que desees acerca de la obra o su autor/a.

Para ebooks: Accede a nuestro modelo de IA a través de este enlace.

Para libros impresos: Escanea el código QR de la portada con tu dispositivo móvil.

Obtén análisis detallados de nuestros libros, resúmenes, respuestas a tus preguntas y accede a nuestras ediciones críticas generativas para una experiencia de lectura más enriquecedora.
La transparencia y el respeto hacia la autoría de las fuentes utilizadas son distintivos básicos de nuestro proyecto. Por ello, las respuestas ofrecen, mediante un sistema de citas, las fuentes con las que han sido elaboradas.

Enrique José Varona

Cuba contra España

Barcelona **2024**
Linkgua-ediciones.com

Créditos

Título original: Cuba contra España.

© 2024, Red ediciones S. L.

e-mail: info@linkgua.com

Diseño de cubierta: Mario Eskenazi.

ISBN rústica: 978-84-9007-964-5.
ISBN ebook: 978-84-9007-662-0.

Sumario

Brevísima presentación

La vida

Enrique José Varona (1849-1933). Cuba.

Principal representante del positivismo en Cuba. Tras una inicial formación autodidacta en literatura, sociología, psicología y filosofía, y siendo ya una figura de reconocido prestigio académico y político se licenció y doctoró en Filosofía, en 1891. Ya había publicado en la *Revista de Cuba* una serie de artículos filosóficos, entre los que sobresalen «El Positivismo», «La moral en la evolución», ambos de 1878 y «La metafísica en la Universidad de La Habana», de 1880. Vinculado en un principio al movimiento por la independencia, se adscribió después al Partido Autonomista y fue elegido diputado a Cortes en 1884. Atraído otra vez por Martí para la causa independentista, dirigió desde el exilio el periódico *Patria*. Durante la ocupación norteamericana de Cuba fue nombrado secretario de educación iniciando una reforma de la enseñanza.

Más tarde fue presidente del Partido Conservador y ocupó la vicepresidencia de la República en 1913. Retirado de toda actividad política trabajó en su cátedra de sociología en la universidad. Durante la mayor parte de su vida intelectual, Varona, asumió posturas positivistas influidas por las ideas de Spencer y Stuart Mill. Sin embargo alrededor de 1912 su pensamiento estuvo marcado por el escepticismo. En sus últimos años condenó la dictadura de Gerardo Machado.

Cuba contra España

La guerra es una triste necesidad. Pero cuando un pueblo ha agotado todos los medios humanos de persuasión para recabar de un opresor injusto el remedio de sus males; si apela en último extremo a la fuerza con el fin de repeler la agresión permanente, que constituye la tiranía, ese pueblo hace uso del legítimo derecho de defensa, y se encuentra justificado ante su conciencia y ante el tribunal de las naciones.

Este es el caso de Cuba en sus guerras contra España. Ninguna Metrópoli ha sido más dura, ha vejado con más tenacidad, ha explotado con menos previsión y más codicia. Ninguna colonia ha sido más prudente, más sufrida, más avisada, más perseverante en su propósito de pedir su derecho apelando a las lecciones de la experiencia y de la sabiduría política. Solamente la desesperación ha puesto a Cuba las armas en la mano, y cuando las ha empuñado ha sido para desplegar tanto heroísmo en la hora del peligro, como buen juicio había demostrado en la hora del consejo.

Si la historia de Cuba en este siglo es una larga serie de rebeliones, a todas ha precedido un período de lucha pacífica por el derecho, que ha sido siempre estéril, merced a la obstinada ceguedad de España.

Desde los albores del siglo hubo patriotas en Cuba, como el presbítero Caballero y don Francisco Arango, que expusieron al gobierno metropolítico los males de la Colonia, y señalaron su remedio, abogando por las franquicias comerciales, que demanda su organización económica, y la intervención de los naturales en su gobierno, fundada no solo en el derecho, sino en la conveniencia política, por la enorme distancia del poder central y los graves embarazos en que se encontraba. Las necesidades de la guerra con las colonias del continente, cansadas de sufrir la tiranía española, obligaron al gobierno de la Metrópoli a conceder un principio de libertad comercial a la Isla; ensayo pasajero que derramó la prosperidad en su territorio, pero que no bastó a abrir los ojos de los estadistas españoles. En cambio, el recelo y la suspicacia contra los americanos, que se habían despertado en sus corazones, los indujeron a mermar primero y suprimir en breve las escasas facultades de administración que residían en algunas corporaciones locales de Cuba, como la Junta de Fomento.

Cual si esto no hubiera sido bastante, se arrancó a los cubanos el asomo de intervención política que tenían en los asuntos generales. En 1837 se suprimió, por un simple decreto, la escasa representación de Cuba en las Cortes españolas, y todos los poderes de gobierno quedaron en las manos del capitán general, a quien se concedieron las mismas facultades de un gobernador de plaza sitiada. Esto quería decir que el capitán general, que residía en La Habana, era dueño de la vida y de la hacienda de los habitantes todos de la Isla de Cuba. Esto quería decir que España declaraba el estado de guerra permanente en un pueblo pacífico e inerme.

Cuba vio vagar proscritos por el continente americano, ya libre, a sus hijos más ilustres, como Heredia y Saco. Cuba vio perecer en el cadalso a cuantos cubanos osaban amar la libertad y declararlo con obras o palabras, como Joaquín de Agüero y Plácido. Cuba vio confiscado el producto de su trabajo por leyes fiscales inicuas, que le imponían desde lejos sus señores. Cuba vio sometida la justicia, que le administraban magistrados extraños, a la voluntad o al capricho de sus gobernantes. Cuba sufrió todos los vejámenes que pueden humillar a un pueblo conquistado, en nombre y por obra de un gobierno que se llamaba sarcásticamente paternal. No es de extrañar que comenzara entonces la era no interrumpida de las conspiraciones y los levantamientos. En su desesperación, Cuba apeló a las armas en 1850, en 1851, conspiró de nuevo en 1855, volvió a la guerra en 1868, en 1879, en 1885, y ahora desde el 24 de febrero del año actual.

Pero al mismo tiempo, Cuba no ha cesado de pedir justicia y reparación. Antes de empuñar el rifle, ha elevado la petición de sus derechos. Saco, desde el destierro, antes del levantamiento de Agüero y de las invasiones de López, exponía los peligros de Cuba a los estadistas españoles, y les enseñaba el remedio. En la colonia lo secundaban los hombres más previsores. Se denunciaban el cáncer de la esclavitud, los horrores de la trata, la corrupción de los empleados, los abusos del gobierno, el descontento del pueblo con su condición forzosa de perpetua minoría política. No se les puso atención y sobrevinieron los primeros conflictos armados.

Antes de la formidable insurrección de 1868, que duró diez años, el partido reformista, de que formaban parte los cubanos más ilustrados, ricos e influyentes, agotó cuantos recursos tuvo a la mano para inducir a España a un cambio saludable de política en Cuba. Fundó periódicos en Madrid y en la Isla, dirigió peticiones al gobierno, entretuvo una gran agitación en todo el país, y habiendo logrado que se abriera en Madrid una información sobre el estado económico, político y social de Cuba, presentó un plan completo de gobierno que satisfacía las necesidades y las aspiraciones públicas. El gobierno español echó a un lado con desdén esos inútiles mamotretos, recargó las contribuciones, y procedió a su exacción con rigor extremado.

Rompió entonces la guerra tremenda de los diez años. Cuba, casi un pigmeo al lado de España, luchó como un titán. La sangre corrió a torrentes. La fortuna pública desapareció en una sima sin fondo. España perdió 200.000 hombres. En Cuba, comarcas enteras quedaron casi vacías de población masculina. Setecientos millones de pesos se gastaron para mantener viva esa hoguera, donde se acrisoló el heroísmo cubano, pero que no llegó a calentar el corazón empedernido de España. Esta no pudo vencer a la Colonia desangrada, que ya tampoco tenía fuerzas para prolongar la lucha con esperanzas de éxito. España propuso un pacto, que fue un engaño. Por él reconoció a Cuba las libertades de Puerto Rico, que no gozaba de ninguna.

Sobre esta base de mentira, se elevó la nueva situación, que ha sido toda de falsedad e hipocresía. España, que no había cambiado de ánimo, se apresuró a cambiar el nombre de las cosas. El capitán general se llamó gobernador general. Las reales órdenes tomaron el nombre de autorizaciones. El monopolio mercantil de España se denominó cabotaje. El derecho de deportación se transformó en ley de vagancia. El atropello brutal de los ciudadanos inermes se llamó componte. La abolición de las garantías constitucionales se trocó en ley de orden público. La tributación sin conocimiento ni consentimiento del pueblo cubano, en presupuestos votados por los representantes de España, de la España europea.

La dolorosa lección de la guerra de diez años había sido completamente perdida para España. En vez de iniciar un a política reparadora, que cicatrizara las recientes heridas, calmara la ansiedad pública y satisficiera la sed de justicia que sentía el pueblo, anheloso de disfrutar sus naturales derechos, la Metrópoli, prodigando promesas de reformas, persistió inmutable en su viejo y artero sistema, cuyas bases eran y continúan siendo: exclusión del cubano de todo puesto que le dé intervención eficaz e influencia en los asuntos públicos; explotación desapoderada del trabajo de los colonos, en provecho del comercio español, y de la burocracia española militar y civil. Para realizar este segundo propósito era necesario mantener a toda costa el primero.

I

Para reducir al cubano a la impotencia, en su propio país, España, que legisla sin cortapisas para Cuba, no ha tenido más que darle leyes electorales amañadas, de tal suerte que lograra estos dos objetos, primero: reducir el número de electores, segundo: dar siempre la mayoría a los españoles, es decir, a los colonos europeos, a pesar de representar éstos apenas el 9.3 % del total de la población de Cuba. A este fin basó el derecho electoral sobre un censo elevadísimo, que resultaba más oneroso, si se atiende a que la guerra había arruinado al mayor número de propietarios cubanos. De este modo ha logrado que en toda la Isla, con una población de 1.600.000 habitantes solo 53.000 disfruten del derecho electoral, es decir, la irrisoria proporción del 3 % del total de habitantes.

Para dar preponderancia decisiva al elemento español europeo, la ley electoral ha vuelto la espalda a la práctica generalmente seguida en los países de derecho censitario, y ha otorgado todas las facilidades para adquirir el privilegio electoral a la industria, al comercio y a los funcionarios públicos en perjuicio de la propiedad territorial. A este fin, al mismo tiempo que se rebajaba la cuota del impuesto territorial al 2 %, medida forzosa, en atención a la ruina de los hacendados, se señalaba el tipo elevadísimo de $ 25 de contribución para los que hubiesen de ser electores, en el concepto de propietarios territoriales. Además la ley ha abierto de par en par la puerta al fraude, haciendo que baste la simple declaración del jefe de una casa de comercio para considerar como socios, y por tanto con voto, a sus meros dependientes. De esta suerte ha habido sociedades con treinta y más socios. Con este simple artificio casi todos los españoles residentes han resultado electores, a despecho del texto expreso de la ley. Así, en el término municipal de Güines, cuya población es de 13.000 habitantes, residen solo 400 españoles y canarios. Pero en su censo electoral aparecen treinta y dos naturales de Cuba y 400 españoles. Cubanos 0.25 %, españoles 80 %.

Por si esto fuera aún poco, las inclusiones y exclusiones de electores y las controversias a que puedan dar lugar esas operaciones se deciden por lo que se llama la Comisión Permanente de las Diputaciones provinciales; y los miembros de esa Comisión son nombrados por el gobernador general. No hay para qué decir que sus mayorías han sido siempre adictas al gobierno. En caso de que algún elector se encuentre lesionado por las resoluciones de la Comisión Permanente, le queda el recurso de acudir a la Audiencia del distrito. Pero las Audiencias están compuestas, casi en su totalidad, de magistrados europeos, están supeditadas a la autoridad del gobernador general y son meros instrumentos políticos en su mano. Como ejemplo decisivo de la manera que han tenido esos tribunales de hacer justicia a las reclamaciones de los electores cubanos, baste citar el caso, ocurrido en Santa Clara, en que fueron excluidos de una vez más de mil electores liberales, perfectamente calificados, por simple omisión del número preciso al finalizar el acta presentada por el elector que encabezaba la reclamación. En más de un caso la misma Audiencia ha aplicado dos criterios distintos en idénticas circunstancias. La de La Habana, en 1887, desentendiéndose del texto expreso de la ley, ha dispensado a los empleados de la condición de residencia, que antes ella misma les exigía. La propia Audiencia en 1885 declaraba acumulables las contribuciones al Estado y al Municipio, y en 1887 resolvía lo contrario. Este cambio obedecía al propósito de arrojar de las listas a centenares de electores cubanos. Así es como el gobierno y los tribunales españoles han procurado enseñar a los colonos de Cuba el respeto a la ley y la práctica de sanas costumbres electorales.

Ahora se comprenderá fácilmente cómo, en ocasiones, la representación de los cubanos en el parlamento español ha sido de tres diputados, y el número de sus representantes en las épocas más favorables no ha excedido de seis. ¡Tres diputados ante cuatrocientos veintisiete! La genuina representación de Cuba no ha llegado a veces al 0.96 % del total de miembros del Congreso español. La gran mayoría de la Diputación cubana ha estado siempre compuesta por españoles peninsulares. De este modo los ministros de Ultramar, cuando han creído necesario cohonestar alguno de sus actos legislativos con un pretensa mayoría de votos cubanos, los han tenido siempre a su disposición.

Por lo que toca a la representación en el Senado, el procedimiento ha sido todavía más sencillo. La calificación necesaria para ser senador ha constituido un veto casi absoluto impuesto a los cubanos. En efecto, para sentarse en la Cámara alta, es necesario haber sido presidente de esa asamblea o del Congreso o ministro de la Corona, o ser obispo, grande de España, teniente general, vice-almirante, embajador, ministro plenipotenciario, consejero de Estado, ministro o fiscal del Tribunal Supremo y del de Cuentas, etc. etc.

Ningún cubano ha desempeñado esos cargos, y dos o tres apenas tienen la grandeza. De suerte que en realidad únicamente pueden ser senadores los hijos de Cuba que hayan sido diputados en tres congresos diferentes o catedráticos de término con cuatro años de antigüedad, si poseen 1.500 pesos de renta, y los que tengan título nobiliario, hayan sido diputados, diputados provinciales o alcaldes de pueblos de más de 20.000 almas, si además disfrutan de una renta de $ 4.000 o pagan $ 800 de contribución directa al Tesoro. Lo que aumentará en una o dos docenas los cubanos calificados para ser senadores.

De esta manera la obra legislativa, en lo que respecta a Cuba, ha resultado una farsa. Los gobiernos han legislado a su antojo. Los representantes de las provincias peninsulares no se tomaban siquiera la molestia de asistir a las sesiones en que se trataban asuntos cubanos; y vez hubo en que los presupuestos de la gran Antilla se discutieron en presencia de menos de treinta diputados y de uno solo de los ministros, el de Ultramar (sesión del 3 de abril de 1880).

Tanto por los amaños de la ley, como por las irregularidades cometidas y consentidas en su aplicación, los cubanos se han visto privados también de la representación que les correspondía en las corporaciones locales, y en muchos casos han sido excluidos totalmente de ellas. Cuando, a pesar de todos los obstáculos legales y de la parcialidad del poder, han conseguido pasajeras mayorías, ha procurado y ha logrado el gobierno anular su triunfo. Una sola vez logró el partido autonomista la mayoría en la Diputación Provincial de La Habana; en esa misma vez el gobernador general nombró de entre los españoles la mayoría de la Comisión Permanente. Hasta entonces la mayoría de esta Comisión era del mismo matiz que la mayoría de la Diputación. Con procedimientos semejantes han ido siendo expulsados los cubanos hasta de los cuerpos municipales. Baste decir que la ley dispone que se excluyan de la computación de las cuotas contributivas las derramas, las cuales son, sin embargo, la carga más onerosa que pesa sobre el contribuyente municipal. Carga que las mayorías compuestas de españoles tienen buen cuidado de hacer recaer con mayor peso sobre el propietario cubano. Así éste sufre mayores impuestos y tiene menos voto.

Por eso últimamente se a dado el hecho escandaloso de que en el Ayuntamiento de La Habana no se sentara un solo cubano. En 1891 dominaban los españoles en treinta y uno de los treinta y siete ayuntamientos de la provincia de La Habana. En el de Güines, con su población de 12.500 habitantes cubanos, no se contaba uno solo de éstos entre sus concejales. En esa misma época, en la Diputación Provincial habanera solo había tres diputados cubanos. En la de Matanzas había dos. En la de Santa Clara, tres. Y éstas son las regiones más populosas de la Isla.

Como por otra parte el gobierno de la Metrópoli nombra los empleados de la Colonia, todos los puestos lucrativos, de influencia y representación están vinculados en los españoles europeos. Gobernador general, gobernadores regionales, gobernadores de provincia, intendentes, interventores, contadores, tesoreros, jefes de comunicaciones, jefes de aduanas, jefes de administración, gobernadores y sub-gobernadores del Banco Español, secretarios de gobierno, regentes de Audiencia, presidentes de sala, magistrados, fiscales, arzobispos, obispos, canónigos, párrocos de parroquias ricas, todos, con alguna singular excepción, son españoles de España. Los cubanos se encuentran en las oficinas en los puestos de escribientes, para hacer todo el trabajo y recibir el menor sueldo.

La provincia de Matanzas ha tenido veinte gobernadores de 1878 a la fecha. De ellos dieciocho han sido españoles y dos cubanos. Pero de éstos, uno, el brigadier Acosta, era un militar al servicio de España, que había peleado contra sus paisanos, y el otro, el señor González Muñoz, un burócrata. En el gobierno de la provincia de La Habana, en todo este período, ha habido un gobernador, cubano de nacimiento, el señor Rodríguez Batista, que pasó toda su vida en España, donde hizo y continuó su carrera administrativa. En las otras provincias probablemente no ha habido un solo gobernador nacido en el país.

En 1887 se creó en el ministerio de las colonias un Consejo de Ultramar. Ni uno solo de los consejeros ha sido cubano. En cambio se han pavoneado entre sus miembros los generales Armiñan y Pando.

Todavía el predominio del gobierno va más lejos. Pesa con toda su fuerza sobre las corporaciones locales. Hay diputaciones en las provincias, sus facultades no solo son escasas y sus recursos cortos, sino que el gobernador general nombra sus presidentes y todos los miembros de la comisión permanente. Hay ayuntamientos, elegidos según una ley reaccionaria de 1877, restringida y recortada por el señor Cánovas, al aplicarla a Cuba; el gobernador general nombra sus alcaldes, que pueden no pertenecer a la corporación; y el gobernador de la Provincia nombra los secretarios. Se reserva además el gobierno el derecho de remover los alcaldes, de sustituirlos, y de suspender los concejales y los ayuntamientos parcialmente o en masa. De ese derecho ha usado con frecuencia para fines electorales, siempre que le ha convenido; en perjuicio de los cubanos siempre.

Como se ve la mañosa política de España no ha dejado ningún cabo suelto. Todo el poder reside en el gobierno de Madrid y sus delegados en la colonia; y, para dar a su despotismo un ligero barniz de régimen representativo, ha sabido con sus leyes fabricarse mayorías complacientes, en los cuerpos seudo electivos. Para eso ha contado con los inmigrantes europeos, que han apoyado siempre al gobierno de la Metrópoli, a cambio de permanentes privilegios. La existencia de un partido español, como en un tiempo la de un partido inglés en el Canadá, ha sido la base de la gobernación de España en Cuba. Así, por ministerio de la ley y del gobierno, se ha entronizado allí un régimen de castas, con su secuela de monopolios, de corrupción, de inmoralidad y de odios. Lejos de ser la lucha política el choque fecundo de ideas contrapuestas o la oposición de hombres, que representan tendencias diversas, pero que buscan todas el perfeccionamiento social, ha sido pugna de facciones hostiles, combate de enemigos encarnizados, precursores de la guerra abierta en campo raso. En la más tímida protesta del cubano ha visto el español residente una amenaza, un ataque a la posición privilegiada en que se cimentan su fortuna, su influencia y su poderío. Y ha querido ahogarla siempre con el denuesto y la persecución.

II

El uso que de ese poder ha hecho el gobierno español está patente en la triple explotación a que ha sometido a Cuba. España no tiene en realidad política colonial. No ha buscado en las tierras lejanas que ha sometido por la fuerza sino la riqueza inmediata; la que ha arrancado con violencia al trabajo de los naturales. Por eso España no es hoy sino un parásito de Cuba. La explota con su régimen fiscal, con su régimen mercantil y con su régimen burocrático. Estas son las formas de la explotación oficial; lo que quiere decir que no son las únicas formas de su explotación.

Terminada la guerra en 1878, las dos terceras partes de la Isla quedaron completamente arruinadas. La otra tercera parte, la que comprendía la población que había permanecido pacífica, estaba en plena producción, pero tenía que acometer el gran cambio económico que envolvía la abolición inminente de la esclavitud, muerta a manos de la insurrección, que supo imponerla en sus postrimerías. Saltaba a la vista que una política sana y previsora aconsejaba aligerar las cargas fiscales de un país colocado en esas condiciones. España atendió solo a hacer pagar a Cuba los gastos de la guerra. Descargó sobre ella presupuestos monstruosos que llegaron a exceder la suma de cuarenta y seis millones de pesos, solo para las atenciones del Estado. Mejor dicho, para atender a colmar la sima insondable que habían abierto al despilfarro y el pillaje de la administración civil y militar, durante los años de la guerra, y a los gastos de la ocupación militar del país. Véanse algunas cifras. El presupuesto de 1878 a 1879 fue de $ 46.594.000. El de 1879 a 1880 de igual suma. El de 1882 a 1883 de $ 35.860.000. El de 1883 a 1884 de 34.170.000. El de 1884 a 1885 de idéntica suma. El de 1885 a 1886 de $31.169.000. Los restantes hasta el actual han oscilado en rededor de $26.000.000, que es la cifra del de 1893 a 1894, prorrogado para este año económico.

La reducción paulatina que ha podido notarse no ha obedecido al deseo, ni a la conveniencia de reducir la abrumadora carga que pesa sobre el país. Ha sido impuesta por la necesidad; porque, como era natural, Cuba no ha podido cubrir, ni de lejos, esa exacción monstruosa, y el déficit constante y amenazador ha impuesto esas reducciones. En el primero de los años dichos los ingresos dejaron un descubierto de más de $ 8.000.000. En el segundo el déficit fue de $ 2.000.000. En 1883 fue de cerca de $ 10.000.000. Los demás años dan un promedio de cerca de $ 4.000.000. Hoy la suma acumulada de todos esos descubiertos alcanza a unos $ 100.000.000.

Como consecuencia de esta gestión financiera insensata y desapoderada, la deuda de Cuba ha crecido en proporciones fabulosas. En 1868 debíamos $ 25.000.000. Al estallar la guerra actual nuestra deuda se calculaba en $ 190.000.000 liquidados. En 31 de julio de este año se calcula que la Isla debe en globo $ 295.707,264. Atendida su población, la deuda de Cuba supera a la de los demás pueblos de América, inclusos los Estados Unidos. Los intereses de esa deuda imponen a cada habitante la carga de $ 9.79. El francés, el pueblo más recargado por este concepto, paga $ 6.30.

Esta deuda enorme contraída sobre el país, y a espaldas suyas, esta carga que lo agobia y no lo deja capitalizar ni atender a su fomento, ni al entretenimiento siquiera de sus industrias, representa una de las formas más inicuas de la explotación que sufre.

Hay englobada en ella una deuda de España a los Estados Unidos; los gastos hechos por España cuando la ocupación de Santo Domingo; para la invasión de México en compañía de Francia e Inglaterra; y con motivo de su algarada contra el Perú; los anticipos hechos al tesoro español durante las recientes guerras carlistas; y cuanto España ha gastado para mantener su soberanía en Cuba y para subvenir a los despilfarros de su administración, desde 1868. Ni un solo céntimo de esos caudales se ha invertido en Cuba para la obra de la civilización y del progreso. No se ha construido con ellos un solo kilómetro de carretera o ferrocarril, no se ha encendido un solo faro, ni dragado un solo puerto. No se ha levantado un asilo, ni se ha abierto una escuela. A las generaciones por venir se les han dejado las cargas, sin ninguna compensación ni provecho.

Pero las cifras desnudas de los presupuestos y de la deuda cubana dicen todavía muy poco respecto a su verdadera importancia y significación, como máquinas para exprimir los productos del trabajo de un pueblo. Hay que ver más de cerca la estructura de esas cuentas de gastos.

Los de Cuba, en los últimos presupuestos, son de $ 26.411.314.90, que se descomponen así:

Obligaciones generales	$ 12.884.549.55
Gracia y Justicia	1.006.308.51
Guerra	5.918.598.16
Hacienda	727.892.45
Marina	1.091.969.65
Gobernación	403.071.43
Fomento	746.925.15

Los habitantes de Cuba, según el último censo, el de 1887, son 1.631.687. Es decir, que ese presupuesto pesa sobre ellos en la proporción de $ 16.18 por habitante. Los españoles de España pagan 42'06 pesetas por cabeza. Reduciendo los pesos de Cuba, al cambio de 95 pesos por 500 pesetas, resulta la tributación de los cubanos de 85'16 pesetas por habitante. Más del doble de la tributación de los españoles europeos.

Como se ve, de esa tremenda carga la mayor parte corresponde a gastos totalmente improductivos. La deuda consume el 40.89 % del total. La defensa del país, contra sus mismos naturales, que es el único enemigo que ha amenazado a España; y en que deben incluirse los gastos de guerra, marina, guardia civil y cuerpo de orden público, toma el 36.59 %. Para todos los demás egresos que exige la vida civilizada, queda el 22.52 %. Y de éstos, para preparar el porvenir, para fomentar los recursos del país, nos reserva el Estado ¡cuánta generosidad! 2.75 %.

Veamos ahora qué ha hecho España para permitir siquiera el natural desarrollo de la producción y la industria del país que esquilmaba, con ese régimen fiscal, obra de la codicia, la impericia y la inmoralidad. Veamos si ha atendido al menos a dejarle alguna vitalidad, para continuar explotándolo con provecho.

La organización económica de Cuba es de las más sencillas. Produce para exportar, e importa casi todos sus consumos. Dicho esto, se ve claro que Cuba necesitaba únicamente que el Estado no le dificultase su trabajo, con cargas excesivas, y que no le estorbase las relaciones mercantiles, para poder comprar barato donde le fuera más conveniente, y vender con provecho. España ha hecho precisamente lo contrario. Ha tratado como enemigo al tabaco, ha asediado con impuestos enormes el azúcar, ha recargado con derechos interiores abusivos y excesivos la industria pecuaria, ha opuesto obstáculos, con su tejer y destejer legislativo, a la explotación minera. Y para rematar la obra, ha agarrotado a Cuba con las redes de un arancel monstruoso y de una legislación mercantil, que someten la colonia, al finalizar el siglo XIX, al monopolio ruinoso de los industriales y mercaderes de ciertas regiones de la Metrópoli, como en los mejores tiempos del pacto colonial.

La comarca que produce el mejor tabaco del mundo, la famosa Vuelta Abajo, carece de todos los medios de acarreo y transporte que ofrece la civilización, para favorecer y dar valor a la producción. Allí no hay caminos, ni puentes, ni puertos. El Estado en Cuba recauda contribuciones, no las invierte en provecho de ninguna industria. En cambio de este abandono, mientras los pueblos extraños, deseosos de adquirir la rica industria tabacalera, casi cerraban sus mercados a nuestro tabaco privilegiado, imponiéndole derechos de entrada enormes, el gobierno español lo grava a su salida de nuestros puertos con un derecho de exportación de $ 1.80 el millar de tabacos elaborados. Dígase si esto no es un rasgo de verdadera demencia.

Todo el mundo sabe la tremenda crisis en que se encuentra años ha la industria azucarera, por el vuelo que ha tomado la producción universal. Todos los gobiernos se han aprestado a la defensa de la suya, por medio de procedimientos más o menos empíricos. No es ocasión de juzgarlos. Lo importante es recordar que han tratado de poner la industria amenazada en las mejores condiciones para resistir y competir.

¿Qué ha hecho España, no ya para conservar la fuerte posición que ocupaba Cuba, sino para permitirle seguir compitiendo con sus rivales cada día más formidables? Paga primas al azúcar que se produce en su propio territorio, y cierra su mercado al de Cuba, imponiéndole un derecho de entrada de $ 6.20 por cada cien quilos. Se ha hecho el cálculo de que una arroba de azúcar de Cuba resulta en Barcelona recargada en 143 % de su valor. Abruma al productor con toda suerte de exacciones, castiga la introducción de la maquinaria, indispensable para la elaboración del azúcar, dificultad su acarreo, imponiendo contribuciones onerosas a los ferrocarriles, y remata la obra con un derecho que llama industrial, y otro de carga, que equivale a un verdadero derecho de exportación.

Para dar el último golpe, España ha establecido las leyes comerciales de 30 de junio y 20 de julio de 1882, que han cerrado virtualmente las puertas de Cuba al comercio extranjero, y han establecido el monopolio de los productores peninsulares, sin compensación ninguna para la Colonia. Estas leyes tuvieron por objeto aparente establecer el cabotaje entre Cuba y España. Por la primera se admitían libres de derechos en la península española los productos de Cuba, con la excepción, sin embargo, del tabaco, aguardiente, azúcar, cacao, chocolate y café, que permanecían gravados temporalmente. Por la segunda se iban reduciendo en un periodo de diez años los derechos de las importaciones de España en Cuba, hasta llegar, como se llegó en 1892, a su completa abolición. El resultado, sin embargo, ha sido que los derechos temporales a los principales, casi únicos, productos cubanos, han subsistido hasta la fecha; y que los derechos a los productos españoles han desaparecido. El cabotaje se realiza de España para Cuba; pero no de Cuba para España. Los productos españoles no pagan derechos en Cuba: los productos cubanos pagan fuertes derechos en España. Como al mismo tiempo se dejaban subsistir las columnas del arancel que recargan con exceso los productos extranjeros, la consecuencia forzosa ha sido entregar el mercado cubano a la producción peninsular. Para que se juzgue del extremo a que llega el monopolio de España, no hay más sino recordar que los recargos que sufren no pocos artículos extranjeros pasan del 2.000 y hasta del 2.300 %, en proporción a los españoles. Cien quilos de género de algodón estampado pagan en las aduanas de Cuba, si son españoles, $ 2'665, si son extranjeros, $ 47'26. Cien quilos de punto de media, si proceden de España, $ 10.95, si del extranjero, $ 195. Mil quilos de sacos para azúcar, cuando son o se fingen españoles, $ 4'69; si de otra procedencia, $ 82'50. Cien quilos de casimir de lana, si son producto español, $ 15'47, si producto extranjero, $ 300.

Todavía si España fuese un país de industria floreciente, que produjera los principales artículos que requiere Cuba para su consumo y el entretenimiento y fomento de sus industrias propias, el mal, aunque grande siempre, hubiera sido menor. Pero es hecho de todos conocido el atraso de las industrias españolas y la imposibilidad en que se encuentran de suplir a Cuba con los productos que ésta exige para su trabajo. Los cubanos han tenido que consumir artículos españoles de mala clase, o pagar a precio excesivo los extranjeros. Los comerciantes españoles encontraron además una nueva fuente de fraudes en el ejercicio de esa ley anacrónica e inicua, nacionalizando productos extranjeros, para importarlos en Cuba.

Como el resorte de esta desatinada política mercantil es mantener el monopolio del comercio español, cuando España se ha visto obligada a quebrantarlo en cierto modo por algún pacto internacional, lo ha hecho siempre a despecho suyo, y esperando con ansiedad la ocasión de invalidar sus propias promesas. Así se explica la accidentada historia del convenio mercantil con los Estados Unidos, acogido con regocijo por Cuba, dificultado por la administración española y abolido con premura por el gobierno español, en cuanto se le presentó la oportunidad.

Los males y quebrantos producidos a la Isla por esas leyes mercantiles son incalculables. Han sido semillero de pérdidas materiales y de profundo descontento. El año próximo pasado las juzgaba el Círculo de Hacendados y Agricultores, corporación la más rica de la Isla, con toda esta severidad:

«Sería imposible explicar, si esa tarea se intentase, lo que significan las actuales leyes comerciales con referencia a algún plan, o sistema, económico o político; porque económicamente, son destructoras de la riqueza pública, y políticamente son la causa de un descontento inextinguible, y encierran el germen de serias desavenencias.»

Pero España no se ha preocupado de esto, sino de mantener contentas las clases productoras y comerciales de provincias tan levantiscas como las catalanas, y satisfechos a sus militares y burócratas.

Para éstos se reserva la mejor parte del botín que se saca de Cuba. Grandes sueldos y las manos sueltas para los empleados que van a la colonia; tributos regulares para los políticos que los apadrinan en la Metrópoli. El gobernador general tiene $ 50.000 de sueldo, amen de un palacio, una quinta para veranear, servidumbre, coches y el capítulo de gastos secretos a su disposición. El director general de Hacienda disfruta de $ 18.000. El arzobispo de Santiago y el obispo de La Habana de $ 18.000 respectivamente. El comandante general del apostadero tiene $ 16.392; el general segundo cabo y el presidente de la audiencia 15.000 cada uno. El gobernador de La Habana y el secretario del gobierno general $ 8.000 respectivamente. El administrador general de correos $ 5.000. El administrador de la aduana de La Habana

$ 4.000. El de loterías lo mismo. Los jefes de administración de primera clase gozan de $ 5.000. Los hay de segunda con $ 4.000 y de tercera con $ 3.000. Los mariscales de campo tienen $ 7.500. Los brigadieres $ 4.500, y cuando desempeñan algún mando $ 5.000. Los coroneles $ 3.450, que se aumentan cuando son jefes de cuerpo. Los capitanes de navío con mando alcanzan $ 6.360. Los capitanes de fragata $ 4.560. Los tenientes de navío de primera clase $ 3.370. Casi todos estos funcionarios tienen alojamiento y servicio gratuitos. Y después sigue la turba innumerable de los empleos menores, todos bien provistos y con grandes facilidades para proveerse mejor.

En el ministerio de Ultramar, que reside en Madrid y que paga el tesoro de Cuba, con una asignación de $ 96.800, comienza la saturnal a que se entregan los burócratas españoles con los caudales cubanos. Unas veces por impericia, las más por espíritu torpe de lucro, se despilfarra el dinero del contribuyente de Cuba, sin escrúpulo ni responsabilidad. Se ha demostrado que por impericia del ministro Fabié ha aumentado la deuda de Cuba en la suma de $ 50.232.500. En tiempos de este ministro, el Banco de España dispuso de veinte millones del tesoro de Cuba, que debían estar en cuenta corriente a disposición del ministro, para la famosa operación de la recogida de los billetes. Cuba pagaba intereses por esos millones, y los siguió pagando todo el tiempo que el Banco se utilizó de ellos. El ministro Romero Romero sacó una vez (1892) de las cajas del Banco de España un millón de pesos, pertenecientes al tesoro de Cuba, y lo prestó a la Compañía Trasatlántica, de que es accionista. Esto fue hecho contra la ley y sin autorización de ninguna clase. El ministro fue amenazado con que se le llevaría a la barra, y contestó con arrogancia que irían a sentarse con él sus antecesores de todos los partidos. La amenaza se deshizo en humo.

En junio de 1890 hubo en las Cortes españolas un escandaloso debate, en que salieron a relucir, y no por primera vez, algunos de los fraudes de que ha sido víctima la hacienda de Cuba. Allí se hizo público que de la Caja de Depósitos, a pesar de estar cerrada con tres llaves y cada una en poder de distinto funcionario, habían sido sustraídos $ 6.500.000. Entonces se supo que, con pretexto de falsos transportes y víveres ficticios en tiempo de la guerra anterior, se habían hecho posteriormente desfalcos por valor de $ 22.811.516. En el mes de marzo de ese mismo año afirmaba el general Panda que los robos cometidos, con motivo de los libramientos que expedía la Junta de la Deuda, pasan de $ 12.000.000.

Estos son algunos hechos salientes. A pesar de la cuantía de esos millones, representan solo parte insignificante de lo que sustrae al trabajo del cubano una administración venal y segura de la impunidad. La red de amaños para estafar al contribuyente y defraudar al Estado lo abarca todo. La alteración de documentos, la ocultación de los ingresos, los pactos con los deudores morosos, las exigencias de mayor cuota a los campesinos inexpertos, las demoras en el despacho de los expedientes, para obligar a la gratificación más o menos cuantiosa, son artificios cotidianos, con que se exprime la bolsa del contribuyente, y se distraen los caudales públicos hacia la bolsa del funcionario.

Estos hechos vergonzosos han sido puestos más de una vez en claro. Se ha señalado con el dedo a los prevaricadores. ¿Hay noticia de que se les haya impuesto castigo? En agosto de 1887 se presentó el capitán general Marin, al frente de fuerzas militares, en la aduana de la capital, la sitió y ocupó, investigó las operaciones que se estaban realizando y destituyó a todos los empleados. El estrépito fue grande; pero ninguno de los funcionarios fue procesado, ni recibió otro castigo. En 1891 había trescientos cincuenta empleados en Cuba procesados por fraude; ninguno fue castigado.

Pero ¿cómo han de serlo? Todo empleado que viene a Cuba tiene un padrino poderoso en la Corte, cuya protección paga con regularidad. Este es un secreto a voces. El general Salamanca lo revelaba sin ambages. Y antes y después del general Salamanca lo sabía toda España. Se conocen los caudillos políticos, que sacan más pingües rentas de los empleados de Cuba, y que son naturalmente los defensores más convencidos de la dominación española en Cuba. Pero además tiene tan hondas raíces la burocracia en España, que ha logrado abroquelarse contra la acción misma de la justicia.

Existe una real orden (2 de setiembre 1882), vigente en Cuba, según la cual los tribunales ordinarios no pueden conocer de los delitos de desfalco, sustracción o malversación de fondos públicos, falsificación etc., cometidos por empleados de la administración, si antes no son sometidos a un expediente administrativo de que resulte su culpabilidad. La administración, pues, se juzga a sí misma.

A sus puertas tiene que detenerse la justicia. ¿Para qué necesita más garantías el oficinista corrompido?

III

Queda demostrado que, a pesar de las promesas de España y de los cambios de aparato que introdujo en el gobierno de Cuba después de 1878, los españoles europeos han gobernado y dominado exclusivamente la isla, y han continuado explotándola hasta arruinarla. ¿Se justifica este sistema tiránico por beneficios de alguna índole, que sirvan de compensación a la falta de poder real de que se quejan los naturales de la colonia? Más de un despotismo ha querido cohonestarse con la prosperidad material que ha sembrado en torno suyo o con la seguridad que ha hecho disfrutar a los ciudadanos o con la libertad que ha asegurado a ciertas manifestaciones de la cultura. Veamos si los cubanos deben al gobierno férreo de España algunas de estas compensaciones.

La seguridad personal es un mito entre nosotros. Hombres colocados fuera de la ley y hombres amparados por la ley han dispuesto de la hacienda, de la tranquilidad y de la vida de los habitantes de Cuba. La guardia civil, lejos de ser el amparo, ha sido el terror de los campesinos cubanos. Por dondequiera que pasaban sus individuos sembraban la alarma en torno suyo, con el tratamiento brutal a que sometían a los vecinos, quienes, en muchos casos, huían de sus hogares, a la sola aproximación de las parejas. Por el más fútil pretexto apaleaban sañudamente a los guajiros inermes, y reiteradas veces han matado a los presos que conducían. Tan notorios llegaron a ser estos desafueros que, en 15 de octubre de 1883, el jefe del cuerpo, brigadier Denis, tuvo que publicar una circular, en la que declaraba que sus subordinados «a pretexto de adquirir confidencias recurren a medios violentos», y que «son muy frecuentes los casos en que individuos, que son conducidos por fuerzas del cuerpo, intentan su fuga, y se ven sus conductores en la necesidad de hacer uso de sus armas». A pesar de los eufemismos del lenguaje oficial, se ve claro lo que significan esas declaraciones. La circular tenía por objeto poner coto a esos desmanes, y es de 1883. Pero las cosas siguieron el mismo curso. En 1886 el establecimiento balneario de Madruga, uno de los lugares veraniegos más concurridos en la Isla, fue testigo de las

25

tropelías del teniente Sainz. En 1887 tuvo lugar la ruidosa causa del componte, con motivo del tormento a que fueron sometidos los hermanos Aruca, y en las cercanías de La Habana se registraron en pocos días los casos de un señor Riverón, apuñaleado en Govea por individuos de la fuerza pública, de don Manuel Martínez Morán, y don Francisco Galañena, apaleados el uno en el Calabazar y el otro en Yaguajay, de don José Felipe Canosa, que estuvo a punto de ser asesinado en San Nicolás, y de un vecino de Ceiba Mocha, a quien la Guardia Civil ordenó que desalojase su domicilio.

Esto era todavía poco. En el centro mismo de La Habana, en el Campo de Marte, fue muerto un individuo por la fuerza que lo custodiaba. Y han conservado triste celebridad en el país los fusilamientos de Amarillas y los asesinatos de Puentes Grandes y Alquízar. El gobierno del general Prendergast ha dejado memoria, por la frecuencia con que se sucedían entonces los fusilamientos de presos, que intentaban fugarse.

Mientras la fuerza pública apaleaba y asesinaba a los vecinos pacíficos, los bandoleros escapaban ilesos, devastando a sus anchas el país. A pesar de los tres millones consignados en el presupuesto para el servicio de seguridad pública, ha habido comarcas, como la provincia de Puerto Príncipe, en que los habitantes han tenido que armarse ellos mismos, para salir en persecución de los bandidos; y se ha dado el caso de que cinco o seis mil hombres de tropas regulares han estado persiguiendo a un puñado de facinerosos, en un pequeño territorio, sin poder aprehenderlos. Entre tanto había establecido en La Habana un Gabinete Particular para la persecución del bandolerismo, donde se gastaban sumas fabulosas. Lo más que ha logrado el gobierno es pactar con algún bandolero, engañarlo y asesinarlo luego, como pasó a bordo del vapor Baldomero Iglesias, en la misma bahía de La Habana.

Sin embargo, la existencia del bandolerismo ha servido para cercenar la jurisdicción de los tribunales ordinarios, y dejar sometidos a los cubanos a la jurisdicción de guerra, a pesar de estar proclamada la Constitución del Estado. En efecto, el Código de Justicia Militar dispone que los delitos contra las personas, contra los medios de transporte y el incendio, cuando se cometen en las provincias de Ultramar —y las posesiones de África y Oceanía, caigan bajo la jurisdicción de guerra.

Es verdad que no era necesario un texto legal expreso, para invalidar los preceptos de la Constitución. Esta se promulgó en Cuba con un preámbulo que deja subsistentes en el gobernador general y sus delegados las mismas facultades que poseían antes de su promulgación. Después de ésta han seguido las deportaciones en cuba, lo mismo que antes. En diciembre de 1891 hubo una huelga de trabajadores de muelle en la provincia de Santa Clara. Para ponerle término, el gobernador capturó a los huelguistas, y los deportó en masa a la isla de Pinos.

Las deportaciones por causas políticas tampoco han cesado en Cuba. Y aunque se dice que no ha habido ninguna ejecución política después de 1878, es porque se ha recurrido al expediente más sencillo del asesinato. El general Polavieja ha manifestado, con la mayor sangre fría, que en diciembre de 1880 se apoderó en Cuba, Palma, San Luis, Songo, Guantánamo y Sagua de Tánamo, de 265 individuos, a quienes deportó en un mismo día y hora a la isla africana de Fernando Po. Fue muy frecuente, al terminarse la insurrección de 1879-1880, que los capitulados fueran a parar a los presidios de África. La felonía de que fue víctima el general José Maceo transporta a los tiempos más sombríos de la guerra de Flandes y de la conquista de América.

Cuba recuerda con horror el horrible asesinato del brigadier Arcadio Leyte Vidal, ocurrido en Nipe en septiembre de 1879. Acababa de encenderse de nuevo la guerra en Oriente. El brigadier Leyte Vidal residía en Mayarí, bajo la seguridad de que no sería molestado, según promesa solemne del jefe español de esa zona. No había transcurrido, sin embargo, un mes del levantamiento, cuando, encontrándose en Nipe, fue invitado por el comandante del cañonero Alarma para comer a bordo. Leyte Vidal se dirigió al cañonero, pero no ha regresado más. Fue agarrotado en un bote por tres marineros, que arrojaron su cadáver al agua. Este villano atentado se cometió por orden del general español Polavieja. Francisco Leyte Vidal, primo de Arcadio, escapó prodigiosamente de tener el mismo trágico fin.

Las muertes misteriosas de antiguos capitulados han sido frecuentes en Cuba, a una de éstas se debió el levantamiento de las Tunas de Bayamo en 1879.

Si la seguridad personal de los cubanos, en este período que se quiere pintar con tan brillantes colores, continúa a merced de sus gobernantes, extraños al país por su nacimiento y por sus ideas, ¿están mejor garantizados nuestra hacienda y honor? ¿es buena, es tolerable siquiera nuestra administración de justicia? La idea de un litigio pone espanto a todo cubano honrado. Nadie confía ni en la probidad ni en la independencia de los jueces. A pesar de los preceptos teóricos de la Constitución, la prisión previa indefinida es lo más común en Cuba. En las mallas elásticas de los procedimientos hay recursos para estrechar o ensanchar, a gusto del magistrado. Este sabe que, en estando bien con el gobierno, es por lo demás absolutamente irresponsable. Se considera además, y no lo tiene a mengua, un instrumento político. Los presidentes y los fiscales de las Audiencias reciben el santo y seña en la Capitanía General. Dos veces han querido los gobernadores de Cuba establecer un juzgado especial para la prensa. Con ello se barrena la constitución. Dos veces se ha establecido el juzgado especial. Más de una vez ha resultado que se encuentra, por acaso, un juez recto e imparcial, en asunto en que entran en juego intereses de gente influyente. Y en esas ocasiones el juez recto ha sido sustituido por un juez especial.

En un país, donde se gasta con despilfarro para sostener la burocracia civil y militar, el presupuesto de la administración de justicia no llega a $ 500.000. En cambio, el expendio de papel sellado constituye una renta de $ 750.000. El Estado lucra con su administración de justicia.

¿Hay que extrañar después de esto que las reformas que se han intentado, estableciendo juzgados de instrucción y audiencias de lo criminal, e introduciendo el juicio oral y público, no hayan contribuido en nada a mejorar la administración de justicia? A gente mal retribuida se han impuesto servicios gravosos, y todos a título gratuito. El gobierno, tan rumboso cuando se trata de sus gastos, escatima hasta el último centavo, cuando se trata de los servicios verdaderamente útiles y reproductivos.

A cambio de la falta absoluta de poder político, de las extorsiones fiscales y de las deficiencias monstruosas de su organización judicial, ¿vive el cubano en un país materialmente próspero? Ningún hombre conocedor de las íntimas relaciones de la organización fiscal de un país y de su sistema económico, podrá creer que Cuba, abrumada por presupuestos insensatos y una deuda enorme, sea un país rico. Se ha calculado la renta de la Isla, en sus mejores tiempos, en 50 millones de pesos. Las cargas del Estado, las provinciales y municipales le tomaban mucho más de 40 %. Este dato se basta a sí mismo. Pero no hay que acudir a ninguna inferencia. Limitémonos a echar una ojeada sobre el cuadro que presentaban la agricultura, la industria y la propiedad en Cuba, al empezar el año actual.

A pesar de los prodigios realizados por el esfuerzo individual para extender el cultivo de la caña y elevar la industria azucarera al nivel a que ha llegado, colonos y dueños de centrales se encontraban al borde de la ruina. Al vender la zafra que se estaba haciendo, sabían que no tendrían con qué atender a la refacción de la colonia o del ingenio. No existía en Cuba un solo establecimiento de crédito agrícola. El hacendado tenía que recurrir a la usura, y pagaba por el capital que tomaba a préstamo el 18 y el 20 %. No ha mucho tiempo existían en La Habana el Banco Español, el del Comercio, el Industrial, el de San José, el de la Alianza, el de Seguros Marítimos y la Caja de Ahorros. Hoy no existen más que el Banco Español, convertido en una vasta oficina del Estado, y el de Comercio, que debe su permanencia a los ferrocarriles y almacenes que posee. Ninguno de estos presta ayuda a la industria azucarera.

La del tabaco, poco ha floreciente, ha caído en tal estado de postración, que se teme que pueda emigrar por completo de Cuba. El semanario EL TABACO calculaba que dentro de seis años habrá cesado en la Isla la exportación del tabaco torcido. De 1889 a 1894 la exportación por el puerto de La Habana había disminuido en 116.200.000 tabacos.

La propiedad urbana ha descendido a la mitad y a veces a la tercera parte del valor que tenía antes de 1884. Ha habido en La Habana edificio, cuyo costo fue de $ 600.000, vendido en 1893 por $ 120.000. En todo país próspero la propiedad urbana aumenta de valor, a medida que aumentan la población y el tráfico.

Los valores mobiliarios ofrecen el mismo espectáculo. Casi todas las acciones que se cotizan en la plaza de La Habana están a descuento.

La causa de la ruina de Cuba, a pesar de sus zafras de un millón de toneladas y de sus extensas vegas de tabaco, es muy sencilla de encontrar. En Cuba no se capitaliza. Y no se capitaliza porque no se lo consiente el régimen fiscal a que la somete su gobierno. El dinero que le produce su gran exportación no entra ni en forma de importaciones, ni en efectivo. Se queda

fuera para pagar los intereses de su ingente deuda, y para subvenir al acarreo incesante de caudales de todo el que gana algo y se apresura a sacarlo
de Cuba, de los pensionados por nuestro tesoro que habitan en España, y
de los residentes españoles que envían por todos los correos sus tributos a
los hombres políticos o socorros a sus familias.

Cuba paga por pensiones, a retirados, jubilados y cesantes $ 2.192.795.10.
Casi todo ese dinero se exporta. Los capítulos primeros del presupuesto de
gastos significan la exportación de más de $ 10.600.000. A la Compañía
Trasatlántica paga Cuba $ 471.836.68. No es posible someter a cálculo todo
lo que sale del país, enviado por particulares; pero ese acarreo de caudales
significa que nadie está contento en Cuba y todo el mundo desconfía de su
porvenir. La consecuencia de todo esto es que, a pesar de lo favorable de la
balanza mercantil, los cambios son incesante y exageradamente contrarios
a Cuba.

Por otra parte, si Cuba trabaja, y para trabajar procura ponerse al nivel
de sus competidores más adelantados, esto es obra de sus habitantes, que
no reparan en sacrificios. El gobierno no se preocupa ni poco ni mucho de
dotarla de los medios de trabajo, que se engloban en el capítulo de fomento.

Al estallar ahora la guerra se ha encontrado España con que, a pesar de
los quinientos millones que suman aproximadamente nuestros presupuestos
desde 1878, no se había construido un solo camino militar, no había fortifi-
caciones, ni hospitales, ni material de guerra. El Estado no había atendido
siquiera a su propia defensa. Después de esto no sorprenderá a nadie que,
en un país que tiene 670 kilómetros de longitud y cuya superficie es de
118.833 kilómetros cuadrados, existan solo 246 kilómetros lineales de carreteras, y éstas casi exclusivamente en la provincia de La Habana. En la de
Santiago de Cuba hay 9 kilómetros. En Puerto Príncipe y las Villas ni uno solo.
Cuba tiene 3.506 kilómetros de costas, y cincuenta y cuatro puertos, y de
éstos solo quince habilitados. En el dédalo de nuestros cayos adyacentes,
de nuestros bancos y arrecifes, todo lo que hay encendidas son diecinueve
luces de todas clases. Muchos de nuestros puertos, y de los mejores, se
están cegando. Los vapores costeros casi no pueden pasar de las bocas
en Nuevitas, Gibara, Baracoa y Santiago de Cuba. A veces los particulares
han querido remediar por sí mismos estos daños. Entonces ha intervenido

la centralización, y después de años de expedienteo las cosas han quedado en peor estado que antes. En veintiocho años se han construido en Cuba 139 kilómetros de carreteras, se han erigido dos faros de primer orden, tres de segundo, uno de cuarto, tres fanales y dos luces de puerto; se han construido 246 metros de muelles, y se han limpiado someramente y abalizado algunos puertos. Eso ha sido todo. En cambio el personal de obras públicas consume millones sin tasa, en sueldos y en reparaciones.

El abandono en que se encuentra en Cuba la higiene pública es proverbial. La comisión técnica que fue de los Estados Unidos a La Habana, para estudiar la fiebre amarilla, declaró que ese puerto, por su inconcebible suciedad, es un foco permanente de infección, contra el cual hay que precaverse. En La Habana existe, sin embargo, una Junta del Puerto, que cobra y gasta con la munificencia de los demás centros burocráticos.

Tal vez el Estado español nos favorezca más en lo que respecta a la cultura pero se echa de ver que en nuestro lujoso presupuesto la instrucción pública figura solo con $ 182.000. Y pudiera probarse que la Universidad de La Habana produce dinero al Estado. En cambio carece de laboratorios, de instrumentos y hasta de agua para hacer las experiencias. Todos los países de América, excepto Bolivia, todos, sin excluir a Haití, Jamaica, Trinidad y Guadalupe, donde predomina la raza de color, gastan mucho más que Cuba en la instrucción del pueblo. En cambio solo Chile gasta tanto como Cuba en sostener soldados. Después de esto queda explicado que en un pueblo tan inteligente y despierto como el cubano, el 76 % de la población no sepa leer ni escribir. La instrucción más necesaria entre nosotros, la técnica e industrial, no existe. Las carreras y profesiones que más imperiosamente demanda la civilización moderna, no se estudian en Cuba. Para ser topógrafo, agrónomo, electricista, ingeniero industrial, ingeniero mecánico, ingeniero de caminos, de minas o de montes un cubano tiene que ir al extranjero. En Cuba el Estado no sostiene una sola biblioteca pública.

Quizás las deficiencias de régimen español se compensen de algún modo por su sabia administración. Cada vez que el gobierno ha acometido la solución de alguno de los grandes problemas pendientes en Cuba, ha sido para embrollarlo y empeorarlo. Ha dado golpes de ciego o ha cedido a influencias de los que iban a lucrar con el cambio.

No hay más que citar la recogida de los billetes de banco, que fue un pingüe negocio para unos cuantos, y no hizo más que embarazar y empeorar la circulación monetaria en la Isla.

De un día a otro la vida se encareció en 40 %. Entró en la circulación la plata española, depreciada, para expulsar, como es natural, el centén de oro, y dificultar todas las pequeñas transacciones. Para obtener todo esto había transformado el gobierno una deuda sin interés en una deuda con interés crecido. Es verdad que, en cambio, el comercio al detall, cuyos votos no se querían perder, realizó un negocio pingüe. Esos comerciantes, por supuesto, son españoles.

IV

En cambio de todo lo que no nos da, dicen que España nos ha dado libertades. Esto es irrisorio. Las libertades están escritas en la Constitución y borradas en la práctica. Antes y después de promulgada en Cuba, se ha perseguido la prensa con rigor. Muchos periodistas, como los señores Cepeda y López Briñas, han sido extrañados del país, sin formación de causa. En noviembre de 1891 fue sometido a la jurisdicción de guerra el escritor don Manuel A. Balmaseda, por haber publicado en *El Criterio Popular* de Remedios un suelto alusivo al fusilamiento de los estudiantes de medicina. Los periódicos han podido discutir teóricamente; pero en cuanto han denunciado abusos o personas, han sentido encima la mano de los dominadores. El órgano oficial de los autonomistas, *El País*, antes *El Triunfo*, ha sufrido más de un proceso por haber señalado con mucha mesura algunas infracciones legales, nombrando las personas. En 1889 se le persiguió criminalmente, por haber dicho que un hijo del presidente de la Audiencia de La Habana desempeñaba un puesto, que las leyes no le consentían desempeñar.

Dicen que existe en Cuba la libertad de reunión. Cada vez que los habitantes se congregan, previo aviso a la autoridades, tienen presente un funcionario que puede suspender la reunión, cuando lo estime conveniente. Al Círculo de Trabajadores se le prohibió reunirse, fundándose en que el edificio en que había de celebrarse la asamblea no era bastante sólido.

El año pasado convocaron los miembros del Círculo de Hacendados a sus compañeros de todo el país, para realizar una gran demostración, en demanda de los remedios que exigía el estado crítico de sus negocios. El gobierno encontró medios de impedir que se reuniesen. Uno de los sucesos más significativos ocurridos en Cuba, y que arrojan más luz sobre su verdadero régimen político, es el fracaso de la junta magna proyectada por el mismo Círculo de Hacendados en 1884. Esa corporación solicitó el concurso de la Sociedad Económica y de la Junta General de Comercio para reunirse en una asamblea, que elevase al gobierno de la Metrópoli las quejas que inspiraba al país la situación precaria en que se encontraba. Iban ya muy adelantados los trabajos preparatorios, cuando un amigo del gobierno, el señor Rodríguez Correa, manifestó que el gobernador general veía con desagrado y prohibía la celebración de la junta magna. Esto bastó para que el Círculo se atemorizase, y fracasara el proyecto. Se ve, pues, que los habitantes de Cuba se reúnen, cuando el gobierno cree conveniente permitirles que se reúnan.

Contra este régimen político que es un sarcasmo, y en que se une el dolo al desprecio más absoluto del derecho, el país cubano ha protestado sin tregua desde 1878, en que comenzó a implantarse. Sería difícil enumerar las representaciones que ha elevado a España, las protestas que han hecho oír sus representantes, las comisiones que han atravesado el océano, para tratar de persuadir a los explotadores de Cuba de las funestas consecuencias de su obcecación. Todo ha sido en vano. La exasperación que reinaba en el país era tanta, que en 1892 la Junta Central del partido autonomista lanzó un manifiesto en que preveía que podía llegar en breve el momento en que el país adoptara «supremas resoluciones, cuya responsabilidad pesaría sobre los que, dominados por la arrogancia y ensoberbecidos con el poder, menosprecian la prudencia, adoran la fuerza y se escudan en la impunidad». Ese manifiesto, que anunciaba ya las horas luctuosas de la guerra, fue desoído por España. Se hizo necesario que el partido español se dividiese y llegase a punto de romper en lucha armada, para que los políticos españoles creyeran llegada la hora de ensayar una nueva farsa, y aparentar que reformaban el régimen administrativo de Cuba. Nació entonces el plan del ministro Maura, modificado, antes de nacer, por el ministro Abarzuza.

Este proyecto, de que han querido hacer caudal los españoles para tildar la revolución de impaciente anárquica, deja intacto el régimen político de Cuba. No toca a la ley electoral. No disminuye el poder de la burocracia. Aumenta el poder del gobierno general. Deja las mismas cargas sobre el contribuyente cubano, y no le da intervención en la formación de sus presupuestos. Se reduce a transformar el Consejo de Administración que hoy existe en la Isla, y que es todo de nombramiento del gobierno, en un cuerpo parcialmente electivo. La mitad de sus miembros serán nombrados por el gobierno. La otra mitad será elegida por los electores censatarios. El gobernador general tiene derecho de veto absoluto sobre sus acuerdos y puede suspender cuando quiera, los miembros electos. Este Consejo forma una especie de presupuesto provincial, en que se comprenden los artículos del presupuesto de fomento, que hoy figuran en el general del Estado. Este se reserva todo lo restante. El Consejo puede disponer del $ 2.75 % de los ingresos de Cuba. El 87.5 % lo distribuye, como ahora, el Estado para sus gastos, en la misma forma que dejamos estudiada. El presupuesto general sigue formándose en España. Los aranceles siguen haciéndose en España. La deuda, el militarismo y la burocracia siguen devorando a Cuba. El cubano sigue siendo casta dominada. El poder sigue vinculado en el gobierno de España y de sus delegados en la colonia, la influencia en los españoles residentes. Este es el *self government* que España ha prometido a Cuba, y que ha anunciado a todos los vientos como un gran cambio de política en su sistema colonial. Superior, en todos conceptos, lo poseen las Bahamas o las islas Turcas.

Necesario hubiera sido que el cubano estuviese privado, no ya del sentimiento de la dignidad, sino del instinto de conservación, para que pudiera tolerar sumiso régimen tan degradante y destructor. Sus agravios son de tal índole que ningún pueblo, que ninguna comunidad humana, capaz de estimar su honor y de aspirar a mejorar su condición, podría sufrirlos sin degradarse y condenarse a la anulación y al aniquilamiento.

España niega al cubano todo poder efectivo en su propio país.

España condena al cubano a la inferioridad política en la tierra en que ha nacido.

España confisca el producto del trabajo de los cubanos, sin darles en cambio ni seguridad, ni prosperidad, ni cultura.

España se ha mostrado absolutamente incapaz de gobernar y de administrar a Cuba.

España explota, esquilma y corrompe a Cuba.

El mantener por la fuerza este régimen monstruoso de gobierno, que arruina un país rico por la naturaleza, y degrada una población vigorosa, inteligente y llena de aspiraciones nobles, es lo que llama España defender su honor y conservar con prestigio su función social de civilizadora en América.

Los cubanos han apelado a la fuerza, desesperados, no iracundos. Para defender su derecho y sacar triunfante un principio eterno, sin el cual peligran las sociedades más robustas en apariencia, el de la justicia. No hay derecho para oprimir. España nos oprime. Al rebelarnos contra la opresión, defendernos el derecho. Así servirnos a la causa de la humanidad, sirviendo nuestra propia causa.

No hemos contado el número de nuestros enemigos, ni hemos medido su fuerza. Hemos sacado la cuenta de nuestros agravios, hemos pesado la masa de injusticia que nos agobia, y hemos levantado el corazón a la altura de nuestras legítimas reivindicaciones. Delante, a pocos pasos, pueden estar la ruina y la muerte. No importa. Cumplimos con nuestro deber. Si el mundo nos vuelve la espalda, tanto peor para todos. Se habrá consumado una nueva iniquidad. El principio de la solidaridad humana habrá sufrido una derrota. Habrá disminuido la suma de bien que existe en el mundo, y que el mundo necesita para que sea pura y sana su atmósfera moral.

Cuba es un pueblo que solo requiere libertad e independencia, para ser un factor de prosperidad y progreso en el concierto de las naciones civilizadas. Hoy es un factor de intranquilidad, desorden y ruina. La culpa es exclusivamente de España. Cuba no ofende, se defiende. Vea América, vea el mundo de parte de quien están la razón y el derecho.

Enrique José Varona, ex-diputado a Cortes.
Nueva York, 3 de octubre de 1895

Libros a la carta

A la carta es un servicio especializado para
empresas,
librerías,
bibliotecas,
editoriales
y centros de enseñanza;
y permite confeccionar libros que, por su formato y concepción, sirven a los propósitos más específicos de estas instituciones.

Las empresas nos encargan ediciones personalizadas para marketing editorial o para regalos institucionales. Y los interesados solicitan, a título personal, ediciones antiguas, o no disponibles en el mercado; y las acompañan con notas y comentarios críticos.

Las ediciones tienen como apoyo un libro de estilo con todo tipo de referencias sobre los criterios de tratamiento tipográfico aplicados a nuestros libros que puede ser consultado en Linkgua-ediciones.com.

Linkgua edita por encargo diferentes versiones de una misma obra con distintos tratamientos ortotipográficos (actualizaciones de carácter divulgativo de un clásico, o versiones estrictamente fieles a la edición original de referencia).

Este servicio de ediciones a la carta le permitirá, si usted se dedica a la enseñanza, tener una forma de hacer pública su interpretación de un texto y, sobre una versión digitalizada «base», usted podrá introducir interpretaciones del texto fuente. Es un tópico que los profesores denuncien en clase los desmanes de una edición, o vayan comentando errores de interpretación de un texto y esta es una solución útil a esa necesidad del mundo académico.

Asimismo publicamos de manera sistemática, en un mismo catálogo, tesis doctorales y actas de congresos académicos, que son distribuidas a través de nuestra Web.

El servicio de «Libros a la carta» funciona de dos formas.

1. Tenemos un fondo de libros digitalizados que usted puede personalizar en tiradas de al menos cinco ejemplares. Estas personalizaciones pueden ser de todo tipo: añadir notas de clase para uso de un grupo de estudiantes,

introducir logos corporativos para uso con fines de marketing empresarial, etc. etc.

2. Buscamos libros descatalogados de otras editoriales y los reeditamos en tiradas cortas a petición de un cliente.